Transliteração do Hebraico para Leitores Brasileiros

SAUL KIRSCHBAUM
DORA FRAIMAN BLATYTA
ELIANA ROSA LANGER
REGINALDO GOMES DE ARAÚJO

Transliteração do Hebraico para Leitores Brasileiros

Ateliê Editorial

Copyright © 2009 by autores
Direitos reservados e protegidos pela Lei 9.610 de 19.2.1998.
É proibida a reprodução total ou parcial sem autorização, por escrito, da editora.

1ª edição, 2009 / 2ª edição, 2013

Dados Internacionais de Catalogação na Publicação (CIP)
(Câmara Brasileira do Livro, SP, Brasil)

Transliteração do hebraico para leitores brasileiros / Saul
Kirshbaum... [et al.]. – São Paulo: Ateliê Editorial, 2009.

ISBN 978-85-7480-646-4
Outros autores: Dora Fraiman Blatyta, Eliana Rosa Langer,
Reginaldo Gomes de Araújo

1. Hebraico – Transliteração   1. Kirschbaum, Saul.   II. Blatyta,
Dora Fraiman.   III. Langer, Eliana Rosa. IV. Araújo, Reginaldo
Gomes de.

08-12253   CDD-411

Índices para catálogo sistemático
1. Hebraico: Transliteração: Linguística   411

Direitos reservados à

ATELIÊ EDITORIAL
Estrada da Aldeia de Carapicuíba, 897
06709-300 – Cotia – SP – Brasil
Telefax: 11 4612-9666
contato@atelie.com.br
www.atelie.com.br

Foi feito o depósito legal.
Impresso no Brasil 2013

Transliteração do Hebraico
para Leitores Brasileiros

1. INTRODUÇÃO

O idioma hebraico – como o russo, o árabe, o armênio – é grafado por meio de um conjunto próprio de caracteres, diferente do conjunto de caracteres utilizado no português. Em vista disso, a ocorrência de nomes próprios hebraicos, expressões etc., em literatura traduzida, em notícias de imprensa, requer que os caracteres hebraicos sejam transliterados, ou seja, representados por meio de caracteres latinos para que possam ser entendidos por leitores brasileiros. Até agora eram utilizados, no Brasil, padrões de transliteração adequados a leitores do alemão, do inglês, do espanhol, idiomas que também fazem uso dos caracteres latinos, mas não adequados ao leitor do português, uma vez que não há correspondência plena entre os valores fonéticos dos caracteres latinos nesses idiomas. Exemplificando, o som da letra "j", em português, é diferente do som dessa letra em espanhol; o som de "ch", em português, é diferente do que recebe no alemão, o "h" aspirado do inglês não tem equivalente em português.

Respondendo a essa necessidade, realizaram-se, em fevereiro de 2007, em torno do Centro de Estudos Judaicos e do Programa de Pós-Graduação em Língua Hebraica, Literatura e Cultura Judaicas da FFLCH/USP, reuniões públicas, nas quais foi constituída uma comissão com o propósito de discutir e elaborar uma proposta para um padrão de transliteração do hebraico adequado ao leitor brasileiro, especialista ou não, evitando importar modelos estrangeiros.

A comissão foi composta por:

Saul Kirschbaum
Dora Fraiman Blatyta
Reginaldo Gomes de Araújo
Eliana Rosa Langer

Desde as primeiras análises, foi estabelecido o consenso de que o padrão a ser adotado deveria satisfazer aos seguintes critérios:

1. Permitir a pronúncia mais correta possível pelo leitor não-especialista, sem que este tenha que recorrer a tabelas explicativas;
2. Permitir ao leitor especialista recuperar, tanto quanto possível, a grafia original da palavra em hebraico, para melhor compreensão do seu significado;
3. Permitir a escrita de palavras transliteradas em processadores de texto usuais, sem necessidade de recorrer a artifícios.

A comissão constatou o uso, no Brasil, de padrões que atendem ao critério (2), como o "padrão acadêmico", que inclusive é de uso internacional, mas que não atendem aos critérios (1) e (3), ou seja, o leitor tem que consultar uma tabela para decodificar os símbolos utilizados, e o escritor tem que usar recursos não-triviais do processador de texto.

| 8 | CENTRO DE ESTUDOS JUDAICOS – DLO/FFLCH-USP

Estão em uso, também, padrões que atendem ao critério (3), como o utilizado pelas escolas judaicas brasileiras, que, entretanto, não atendem aos critérios (1) e (2), ou seja, o leitor é induzido a pronúncias muito incorretas (como o uso do "ch"), e não permitem diferenciar letras hebraicas cujo som é idêntico, a saber: [ב e ו, ט e ת, ס e שׁ, כ e ח, כ e ק], ou seja, esses padrões não são biunívocos. Para atender ao 3º critério em relação aos primeiros três pares de consoantes com o mesmo som, optamos por sublinhar a consoante menos frequente[1]. Esta regra não foi aplicada ao par [כ e ח] por conflitar com outras normas do português e também por causa da letra *rêsh* [ר]. Ou seja, se usássemos "r" ou "rr" para o *rêt* não teríamos como representar o *rêsh*. Por outro lado, como o *rraf* [כ] pronunciado de forma fricativa[2] nunca ocorre em início de palavra (salvo no próprio nome da letra), podemos sempre representá-lo por "rr". O *rêsh* [ר] será representado por "r" e o *rêt* [ח] será grafado como "r" ou "rr", sem ambiguidade. No caso do par [כ e ק] isto não foi necessário por existirem em português duas formas distintas para o mesmo som ("k" e "q").

Quanto às vogais correspondentes aos sons de "a" e "e" e aos *dgeshim*[3], as análises indicaram que não é possível encontrar uma representação biunívoca sem incorrer em excesso de arti-

---

1. Para determinar, em cada par, a consoante menos frequente, fizemos uso de um texto publicado em jornal israelense, que tratava de assuntos genéricos, e contamos a incidência dessas consoantes; o texto utilizado está à disposição dos interessados.

2. Fricativo: som caracterizado por um estreitamento do canal bucal, provocando no plano auditivo uma impressão de fricção por causa da passagem difícil do ar através das paredes do canal bucal.

3. Plural de *daguesh*, ponto colocado em uma letra com a finalidade de diferenciar valor fonético (por exemplo, *be* ou *ve*) ou indicar duplicação da consoante.

fício. Em consequência, chegou-se ao consenso que elas serão transcritas de maneira mais simples, sem levar em conta distinções entre os diferentes sinais diacríticos, mas garantindo a correta pronúncia.

Por outro lado, as palavras já dicionarizadas em português poderão manter a forma consagrada. Por exemplo, *Israel, Torá.*

2. CONSOANTES

Em relação às consoantes, a comissão propõe a seguinte representação:

1. א – nome: *álef* – representação: ' (apóstrofo)

Optamos por sempre representá-la, não obstante existir uma corrente que propõe a não representação desta letra quando no início da palavra; isto em vista de que, no meio e no fim de palavra, sempre será necessário representá-la. A objeção de que o formato do apóstrofo é diferente conforme a fonte utilizada é irrelevante, uma vez que a letra sempre será representada pelo apóstrofo, qualquer que seja sua direção.

Exemplos:	mãe	'íma'	אִמָּא
	não	lo'	לֹא
	cheio	malê'	מָלֵא

2a. ב – nome: *beit* – representação: **B**

| *Exemplos:* | casa | báyit | בַּת |
| | pai | 'ába' | אַבָּא |

2b. **ב** – nome: *veit*[4] – representação: **V**

Exemplos:	pai	ʿav	אָב
	Babilônia	bavél	בָּבֶל

3. **ג** – nome: *guímel* – representação: **G** ou **GU**

Optamos pela forma **gu** quando seguido por "e" ou "i" para não induzir a uma pronúncia incorreta, pois em português o "g", diante destas vogais, é pronunciado como o "j".

Exemplos:	jardim	**g**an	גַּן
	giz	**gu**ir	גִּיר

4. **ד** – nome: *dálet* – representação: **D**

Exemplos:	sentenciar	la**d**ún	לָדוּן
	porta	**d**élet	דֶּלֶת

5. **ה** – nome: *hê'* – representação (enquanto consoante): **H**

No começo e no meio de palavra, tem pronúncia aspirada. No final de palavra, não será representado para não induzir a uma pronúncia aspirada. Para sinalizar a sua presença, sublinha-se a vogal que a antecede.

Exemplos:	ele	**h**u'	הוּא
	amor	ʿaha̱vá̱	אַהֲבָה

---

4. Estritamente, não existe a letra *veit*, sendo apenas uma variação do *beit*, sem *daguesh*, com pronúncia fricativa.

6. ו – nome: *vav* – representação (enquanto consoante): **V**

Introduzimos v (sublinhado) para diferenciar da representação do *veit*. Usado como vogal, será representado por "o" ou "u", conforme o caso (vide adiante "vogais").

Exemplos:	Davi	david	דָּוִד
	discussões	vikurrim	וִכּוּחִים
	recém-nascido	valád	וָלָד

7. ז – nome: *záin* – representação: **Z**

Exemplos:	barato	zol	זוֹל
	par, casal	zug	זוּג
	amuleto fixado no umbral de portas	mezuzá	מְזוּזָה

8. ח – nome: *rét* – representação: **R** (quando em início de palavra) ou **RR**

Introduzimos r ou rr (sublinhados) para diferenciar da representação do *hê* e do *rraf* (vide adiante 11b). Rejeitamos o uso de "ch", como em alemão, ou "kh", como em russo, pois induziria a uma pronúncia errada ou exigiria do leitor o acesso a uma tabela auxiliar.

Exemplos:	leite	raláv	חָלָב
	irmãos	'arrim	אָחִים
	dedicação	ranuká	חֲנֻכָּה

9. ט – nome: *tet* - representação: **T**

Introduzimos t (sublinhado) para diferenciar da representação do *tav*.

Exemplos:	telefone	telefón	טֶלֶפוֹן
	pecado	rêt'	חֵטְא

10. **י** – nome: *yúd* – representação: quando aparece sobre ou seguida por vogal, será representada por **Y**; nas outras situações, por **i**. Vide "vogais", adiante.

| *Exemplos:* | criança | yéled | יֶלֶד |
| | imediatamente | miyád | מִיָּד |

11a. **כ** – nome: *kaf* – representação: **K**
Preferimos não utilizar a letra "c" uma vez que o valor dessa letra em português é variável.

Exemplos:	expiação	kipúr	כִּפּוּר
	festa das luzes	ranuká	חֲנֻכָּה
	festa das cabanas	sukót	סֻכּוֹת

11b. **כ** – nome: *rraf*[5] – representação: **RR** (também para o *rraf* final, **ך**)
Introduzimos *rr* para diferenciar da representação do *hê* e do *rêt*. Rejeitamos o uso de "ch", como em alemão, ou "kh", como em russo, pois induziria a uma pronúncia errada ou exigiria do leitor o acesso a uma tabela auxiliar.

Exemplos:	rei	mélerr	מֶלֶךְ
	abençoado	barúrr	בָּרוּךְ
	sábio	rarrám	חָכָם

12. **ל** – nome: *lámed* – representação: **L**

| *Exemplos:* | flauta | ralíl | חָלִיל |
| | ramo de palmeira | luláv | לוּלָב |

---

5. Estritamente, não existe a letra *rraf* sendo apenas uma variação do *kaf*, sem *daguesh*, com pronúncia fricativa.

TRANSLITERAÇÃO DO HEBRAICO PARA LEITORES BRASILEIROS | 13 |

13. **מ** – nome: *mêm* – representação: **M** (também para o *mêm* final, **ם**)

Exemplos:			
	mãe	'íma'	אִמָּא
	dia	yóm	יוֹם

14. **נ** – nome: *nun* – representação: **N** (também para o *nun* final, **ן**)

Exemplos:			
	pequeno	qa<u>t</u>án	קָטָן
	fio	nimá	נִימָה

15. **ס** – nome: *sámerr* – representação: **S** ou **SS** (em posição intervocálica)

Exemplos:			
	cavalo	sus	סוּס
	páscoa, passagem	pêssa<u>rr</u>	פֶּסַח

16. **ע** – nome: *áin* – representação: **"** (aspa)

Por tratar-se de uma consoante em geral não pronunciada, é necessário representá-la para marcar sua presença, permitindo a biunivocidade.

Exemplos:			
	página, coluna	"amúd	עַמּוּד
	agradável	na"ím	נָעִים

17a. **פ** – nome: *pêi* – representação: **P**

Exemplos:			
	família	mish<u>parrá</u>	מִשְׁפָּחָה
	sustento	<u>parnassá</u>	פַּרְנָסָה

17b. **פ** – nome: *fêi*[6]– representação: **F** (também para o *fêi* final, **ף**)

Exemplos:			
	livro	sêfer	סֵפֶר
	dinheiro	késse**f**	כֶּסֶף
	fim	so**f**	סוֹף

6. Estritamente, não existe a letra *fêi*, sendo apenas uma variação do *pêi*, sem *daguesh*, com pronúncia fricativa.

18. **צ** – nome: *tsádi* – representação: **TS** (também para o *tsádi* final, **ץ**)

Preferimos não utilizar a representação "tz" uma vez que é impossível pronunciar esse encontro consonantal.

Exemplos:

justiça	tsédeq	צֶדֶק
Massada	metsadá	מְצָדָה
árvore	ets	עֵץ

19. **ק** – nome: *quf* – representação: **Q**

Para diferenciar da representação da letra *kaf* (vide acima 11a).

Exemplos:

santo	qadósh	קָדוֹשׁ
gramática	diqdúq	דִּקְדּוּק

20. **ר** – nome: *rêsh* – representação: **R**.

Esta consoante pode ser pronunciada como o "r" intervocálico do português (por exemplo, *caro*).

Exemplos:

cabeça	ro'sh	רֹאשׁ
porção semanal de leitura da Torá	parashá	פָּרָשָׁה

21a. **שׁ** – nome: *shin* – representação: **SH**

Preferimos utilizar a representação "sh" ao invés de "sch" por ser muito artificial, ou "x", pois sua pronúncia em português é variável, ou "ch", em vista de seu uso para representar as letras *rét* e *haf*, no padrão alemão.

Exemplos:

paz	shalôm	שָׁלוֹם
família	mishparrá	מִשְׁפָּחָה
homem	'ish	אִישׁ

21b. **שׂ** – nome: *sin* – representação: **S** ou **SS** (em posição intervocálica)

Introduzimos s̲ ou s̲s̲ (sublinhados) para diferenciar da representação do *sámerr*.

Exemplos:	alegria	s̲imr̲r̲á	שִׂמְחָה
	carne	bas̲s̲ár	בָּשָׂר
	regozijo	s̲as̲s̲ôn	שָׂשׂוֹן

22. **ת** – nome: *tav* – representação: **T**

Exemplos:	aluno	talmíd	תַּלְמִיד
	classe	kit̲á	כִּתָּה
	amora	tut	תּוּת

TABELA DE TRANSLITERAÇÃO

	hebraico	representação		hebraico	representação
1	א	'	12	ל	l
2a	בּ	b	13	ם ,מ	m
2b	ב	v	14	ן ,נ	n
3	גּ ,ג	g, gu	15	ס	s, ss
4	דּ ,ד	d	16	ע	"
5	ה	h	17a	פּ	p
6	ו	v̲	17b	ף ,פ	f
7	ז	z	18	ץ ,צ	ts
8	ח	r̲, r̲r̲	19	ק	q
9	ט	t	20	ר	r
10	י	y	21a	שׁ	sh
11a	כּ	k	21b	שׂ	s̲, s̲s̲
11b	ך ,כ	rr	22	ת ,תּ	t

TRANSLITERAÇÃO DO HEBRAICO PARA LEITORES BRASILEIROS | 17 |

3. VOGAIS

Nesta seção, adotamos a letra hebraica ם apenas como símbolo para representar a consoante à qual a vogal está ligada. Nosso ponto de partida é que a relação entre sinais diacríticos e vocalização é plurívoca, ou seja, vários sinais diacríticos representam o mesmo som.

Exemplos: בָ, בָ, בַ são pronunciados como "a";

בֶ, בֵ, בֶ, בֵ são pronunciados como "e"

Nesta proposta, optamos por não diferenciar, na transliteração, os diferentes diacríticos, uma vez que no hebraico moderno somente são utilizados sinais massoréticos[7] em situações especiais como poesia e determinados textos acadêmicos, e a vocalização das palavras é inferida do contexto. Para preservar a pronúncia correta, optamos por acentuar a vogal da sílaba tônica – para o "e" e o "o", com o acento apropriado em português, agudo ou circunflexo. Exemplos: *qatán, sêfer, yéled, sipurím, bôqer, kavód, passúq.*

A vogal em fim de palavra, quando seguida pela letra ה ("hei"), será sublinhada para sinalizar a não-representação do "hei" (vide acima 5). Isto porque optamos por não representá-la nesta situação, para não induzir à leitura de um "h" aspirado. Exemplos: *Torá, Bíra, Birá.*

Em função dos conceitos apresentados acima, são as seguintes as representações adotadas:

---

7. Sinais que representam a vocalização e acentuação dos textos bíblicos, introduzidas por sábios conhecidos como *massoretas* no século x da Era Comum, sobretudo na tradição de Ben Asher.

בָ (qamáts gadól), בֶ (patárr), בֳ (ratáf patárr) - representação:
a ou **á** (acentuado se a sílaba for tônica)

Exemplos:

porção semanal de leitura da Torá	parashá	פָּרָשָׁה
festa das luzes, hanuká	ranuká	חֲנֻכָּה
festa da passagem	pêssarr	פֶּסַח

בָה - representação: **a** ou **á** (quando tônica, vide acima 5)

Exemplos:

professora	morá	מוֹרָה
cerveja	Bíra	בִּירָה
capital	Birá	בִּירָה

בֵ (tserê), בֶ (segól), בְ (shvá na"), בֱ (ratáf segól) - representação: **e**, **é** ou **ê** (acentuado quando for a sílaba tônica).

Exemplos:

eis que	hinê	הִנֵּה
rei	mélerr	מֶלֶךְ
verdade	'emét	אֱמֶת
falar	ledabêr	לְדַבֵּר

בֵה - representação: **é**, **ê** (vide acima, 5)

Exemplos:

contador	monê	מוֹנֶה
oito	shmonê	שְׁמוֹנֶה

בִי (riríq gadól), בִ (riríq qatán) - representação: **i** ou **í** (quando tônica)

Exemplos:

mãe	'íma'	אִמָּא
liberalismo	liberaliyut	לִיבֶּרָלִיּוּת

וֹם (rolám malê), ֹם (rolám rassêr), ָ (ratáf qamáts) e ָ (qamáts qatán) - representação: **o, ó** ou **ô** (quando tônica)

Exemplos:	mundo	"olám	עוֹלָם
	meio dia	ts**oho**rayim	צָהֳרַם
	Moisés	mosh**é**	מֹשֶׁה
	tudo	k**ó**l	כָּל
	navio	'oni**á**	אֳנִיָּה

ֹה - representação: **o**

| Exemplos: | aqui | p**ô** | פֹּה |
| | onde | 'eif**ô** | אֵיפֹה |

וּם (shurúq), ֻ (qubúts) - representação: **u** ou **ú** (quando tônica)

| Exemplos: | festas das cabanas | suk**ó**t | סֻכּוֹת |
| | abençoado | bar**ú**rr | בָּרוּךְ |

ַי - representação: **ai**

Exemplos:	basta	d**ai**	דַי
	alô	h**ai**	הַי
	vivo	r**ai**	חַי

ֵי - representação: **ei**

| Exemplos: | onde | eif**ô** | אֵיפֹה |
| | ditos dos ancestrais | 'avot pirq**êi** | פִּרְקֵי אָבוֹת |

וֹי - representação: **oi**

| Exemplos: | nação | g**ói** | גּוֹי |
| | ai! oh! | av**oi** | אֲבוֹי |

וּי - representação: **ui**

| Exemplo: | desimpedido, livre | pan**úi** | פָּנוּי |

TABELA DAS VOGAIS E DITONGOS

hebraico	representação
מָ,מַ,מֲ	A
מֵ,מֶ,מְ,מֱ	E
מִ,מִי	I
מֹ,מָ,מֳ,מוֹ	O
מֻ,מוּ	U
מָה	<u>A</u> ou **Á** quando tônica
מֶה,מֵה	<u>E</u>, **É** ou **Ê** quando tônica
מֹה	<u>O</u>, **Ó** ou **Ô** quando tônica
מַי	Ai
מֵי	Ei
מוֹי	Oi
מוּי	Ui

Título	*Transliteração do Hebraico*
	para Leitores Brasileiros
Autores	Saul Kirschbaum
	Dora Fraiman Blatyta
	Eliana Rosa Langer
	Reginaldo Gomes de Araújo
Projeto gráfico	Tomás Martins
Produção	Aline E. Sato
Formato	14 x 21 cm
Número de páginas	24
Tipologia	Adobe Caslon
Impressão e acabamento	Gráfica Vida e Consciência